✝

Este libro le pertenece a:

Nicolás Tellez León

Regalo especial de:

Familia Lopez-Chavarriaga

Fecha:

Abril 1, 2017

Carta a los padres

Hoy tu hijo/hija van a dar los *Primeros Pasos* en su vida cristiana, pero este viaje, un niño no lo puede hacer solo. La Biblia dice: "Por eso, nosotros, teniendo a nuestro alrededor tantas personas …" Hebreos 12:1, lo que incluye a nuestra familia, parroquia, ángeles y santos.

El mejor regalo que un padre puede darle a su hijo es una vida parroquial vibrante, donde los niños aprenden sobre la fe, la devoción a los santos y la reverencia a lo divino. Es en la parroquia donde la vida cristiana y la amistad se fortalecen.

Hoy, cuando las agendas apretadas separan a las familias de la vida parroquial, recordemos la gran paz que se encuentra en una comunidad de fe.

Con el correr del tiempo, a medida que vas llenando este diario, deja que te anime a enseñar a tus hijos a crecer junto a los santos que están en el cielo y todas las buenas personas que trabajan por un camino de santidad en tu parroquia. También deja que éste te recuerde a ti y algún día a tu hijo/hija, el maravilloso regalo que es el Bautismo. Como dice el Papa Francisco: "Debemos despertar el recuerdo de nuestro Bautismo. Estamos llamados a vivir nuestro Bautismo todos los días, como una realidad actual en nuestra existencia".

Dedicatoria   **Este libro es dedicado a todos los Sacerdotes de las parroquias.**

El autor quiere dar un agradecimiento especial a su hijo Aiden Gallagher, quien aportó el título perfecto para este libro, una prueba más de que su visión sobrepasa su edad.

Los textos bíblicos han sido tomados de la Biblia Dios habla hoy ®, Tercera edición © Sociedades Bíblicas Unidas, 1966, 1970, 1979, 1983, 1994. Dios habla hoy® es una marca registrada de Sociedades Bíblicas Unidas y puede ser usada solo bajo licencia.

Texto por Conor Gallagher; diseño e ilustración por Chris Pelicano; traducción hecha por Eliana González Gallagher.

Publicado en los Estados Unidos por Saint Benedict Press, LLC
PO Box 410487 Charlotte, NC 28241
www.SaintBenedictPress.com
1-800-437-5876

Impreso y encuadernado en los Estados Unidos de América.
10 9 8 7 6 5 4 3 2 1

Primeros Pasos

En tu camino a través de la fe y la vida parroquial

Un diario para bebés desde el Sacramento del Bautismo
hasta el Sacramento de la Reconciliación

Saint Benedict Press

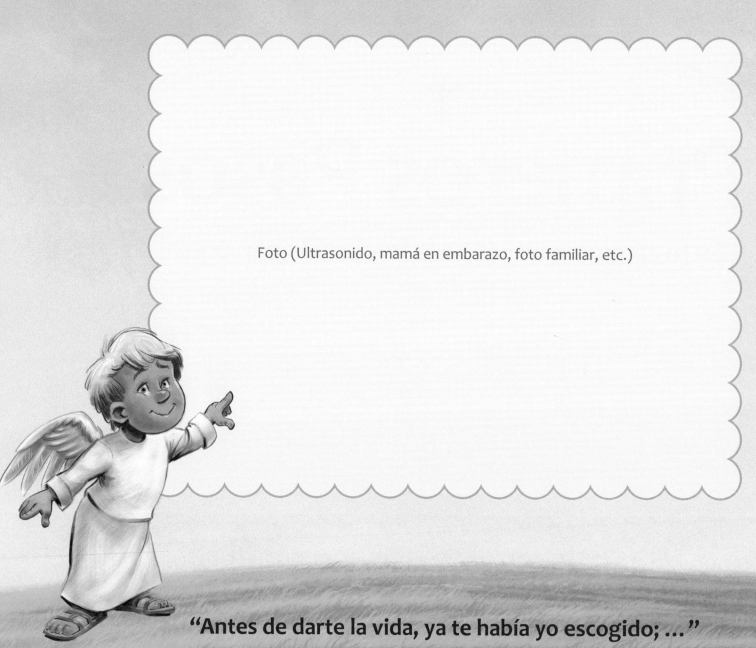

Foto (Ultrasonido, mamá en embarazo, foto familiar, etc.)

"Antes de darte la vida, ya te había yo escogido; ..."

Jeremías 1:5

Primera parte

Antes de que te formaras, ya eras amado

Antes de crearte,
Dios ya te conocía como el fruto
del amor entre mamá y papá.

"Que todos respeten el matrimonio ..."
Hebreos 13:4

Tus padres

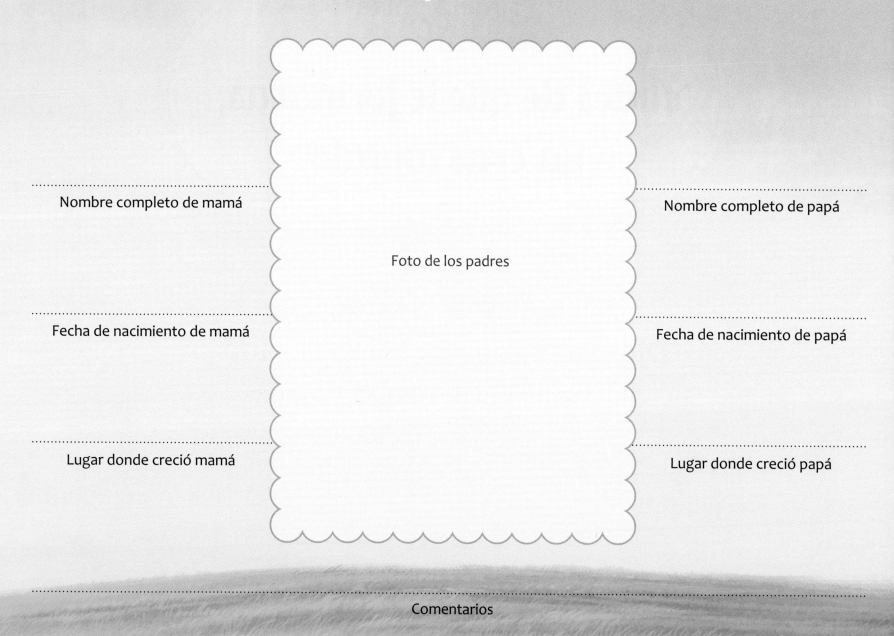

Nombre completo de mamá

Nombre completo de papá

Foto de los padres

Fecha de nacimiento de mamá

Fecha de nacimiento de papá

Lugar donde creció mamá

Lugar donde creció papá

Comentarios

¡Alégrate! Un regalo enviado por Dios

Primeras reacciones a la noticia: ....

....

....

Sentimientos especiales al saber de tu presencia: ....

....

....

Lo que le gustaba comer a mamá cuando estaba embarazada de ti: ....

....

....

Lo que sintió mamá cuando entró en trabajo de parto: ....

....

....

"Dejad obrar a Dios, Él sabe muy bien
lo que necesita su pequeño bebé".
Santa Teresa del Niño Jesús

¡Te llamamos por tu nombre!

Nombres considerados para niña: ....

....

....

Nombres considerados para niño: ....

....

....

Nombre completo: ....

Significado especial de tu nombre: ....

....

....

....

....

"... yo te llamé por tu nombre, tú eres mío".

Isaías 43:1

¡Preparándonos para tu llegada!

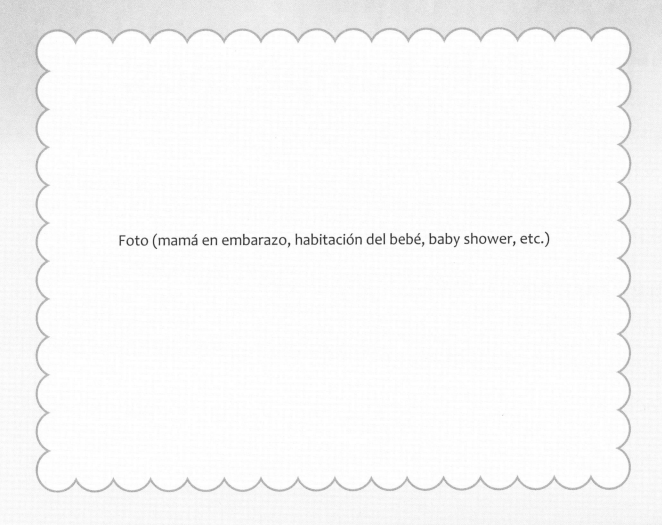

Foto (mamá en embarazo, habitación del bebé, baby shower, etc.)

Comentarios

¡Feliz Cumpleaños!

Fecha de tu nacimiento: ....

Tu peso fue de .... libras .... onzas.

Tu estatura fue de .... pulgadas.

.... es la persona que te ayudó a nacer.

Naciste a las .... a.m. (   ) p.m. (   ) en la ciudad de

.... en el estado de ....

"Este es el día en que el Señor ha actuado: ¡estemos hoy contentos y felices!"
Salmo 118:24

Segunda parte

Hecho a su imagen y semejanza

Dios te creó porque te ama.
No hay un mejor regalo que la vida.
Tú eres una señal viva de la gloria
y el amor de Dios.

"Entonces dijo: 'Ahora hagamos al hombre. Se parecerá a nosotros, ...'"

Génesis 1:26

¡Tu fotografía!

Foto del recién nacido

"Le pedí al Señor que me diera este hijo, y él me lo concedió".

1 Samuel 1:27

¡Recuerdos del gran día!

¿Cómo estuvo el clima? ....

¿Quiénes estuvieron presentes en este gran día? ....

....

Duración del parto: ....

Sentimientos al verte por primera vez: ....

....

Reacciones de la familia: ....

....

....

Mensajes enviados/mensajes recibidos: ....

....

"El que recibe en mi nombre a un niño como éste, me recibe a mí; …"
San Marcos 9:37

Huellas de las manos

Huellas o la foto de las manos del recién nacido.

"... y a ti levanto las manos!"

Salmo 88:9

Huellas de los pies

Huellas o la foto de los pies del recién nacido.

"... y busquen el camino derecho,... "

Hebreos 12:13

Foto familiar preferida

"La familia que reza unida, permanece unida".

Tercera parte

Multitud de testigos

Estás rodeado de familia y amigos
que te aman y que son testigos del
amor que Cristo Jesús tiene por ti.

"Por eso, nosotros, teniendo a nuestro alrededor tantas personas ..."
Hebreos 12:1

"Lo que amo de mamá"

Una carta de papá

Lo que me enamoró de ella: ....

....

Sus rasgos especiales y virtudes: ....

....

Mi historia favorita de mamá: ....

....

....

....

....

Santísima Virgen María, Madre de Dios,
¡ruega por nosotros!

"Se reviste de fuerza y dignidad, y el día de mañana no le preocupa".

Proverbios 31: 25

"Lo que amo de papá"

Una carta de mamá

Lo que me enamoró de él: ....

....

Sus rasgos especiales y virtudes: ....

....

Mi historia favorita de papá: ....

....

....

....

....

....

San José, Padre adoptivo de Jesús,
¡ruega por nosotros!

"Hijos, atiendan a los consejos de su padre; pongan atención, para que adquieran buen juicio".

Proverbios 4:1

La mamá de tu mamá: ....

El apodo que le diste: ....

El papá de tu mamá: ....

El apodo que le diste: ....

Foto de los abuelos maternos

Tus Abuelos

La mamá de tu papá: ....

El apodo que le diste: ....

El papá de tu papá: ....

El apodo que le diste: ....

Foto de los abuelos paternos

"Las canas son una digna corona, ..."

Proverbios 16:31

Bisabuelos

Bisabuelos

....

....

....

....

Abuelos

Abuelos

....

....

Tíos y tías

Padres

Tíos y tías

.... _____ _____ ....

....

.... **Tú** ....

....

Hermanos _____ Hermanas

....

....

....

....

Otros miembros de la familia

....

....

....

....

Nuestro árbol genealógico

San Juan Bautista

Santo patrono del Bautismo

San Juan Bautista, santo patrono del Bautismo, nació de una pareja de ancianos que no habían podido concebir hijos. Incluso antes de nacer, ¡San Juan ya estaba lleno del Espíritu Santo!

Un ángel prometió que Juan traería alegría a muchas personas, porque su milagroso nacimiento formaba parte del plan de Dios: él era el mensajero que prepararía el camino para la venida de Jesús de Nazaret, el Salvador.

Años más tarde, cuando Jesús de Nazaret empezó su ministerio, le pidió a Juan que lo bautizara y éste obedeció. En aquel momento Dios el Padre habló desde el cielo diciéndole al mundo, que Jesús era su hijo amado y el Espíritu Santo descendió sobre Él.

Juan anunció que este inocente "Cordero de Dios" quitaría los pecados del mundo, para que pudieran llegar a ser santos y motivó a muchos a seguir a Jesús.

Después de algún tiempo Juan fue encarcelado por el perverso rey Herodes, debido a que lo había desafiado públicamente a cambiar su estilo de vida. La muerte de Juan, así como su vida entera, fue un poderoso testimonio del deseo de Dios de hacernos santos. Con el ejemplo que nos dejó, Juan sigue invitándonos a seguir a Jesús.

Oración a San Juan Bautista

San Juan Bautista, tu milagroso nacimiento fue un signo de la fidelidad de Dios y el cumplimiento de su promesa a tus padres. Ruega por nosotros que buscamos ser padres, quienes en gratitud por nuestro (a) hijo (a), somos fieles a cumplir con las promesas que hacemos en este Sacramento del Bautismo. Tú preparaste el camino para nuestro Señor Jesús, con el testimonio de tu vida y de tus palabras, además lo bautizaste en obediencia a su voluntad. Ruega por nosotros, para que preparemos el camino para que nuestro (a) hijo (a) conozca a Jesús, lo siga y haga su voluntad, no sólo en la purificación del Bautismo, sino como testigo permanente de nuestras vidas, nuestras palabras y nuestro amoroso cuidado como familia. Amén.

Cuarta parte

Celebrando tu Bautismo

Has dado los primeros pasos
en tu camino de fe.
Siempre recordaremos este día como
tu cumpleaños
espiritual, porque en realidad,
naciste de nuevo.

"… fuimos bautizados para formar un solo cuerpo por medio de un solo Espíritu; …"

1 Corintios 12:13

El día de tu Bautismo

Fecha: ....

Parroquia: ....

Sacerdote o Diácono: ....

Personas presentes: ....

....

....

Recuerdos especiales: ....

....

....

"El Bautismo es el Sacramento de la fe. Pero la fe tiene necesidad de la comunidad de creyentes".
Catecismo de la Iglesia Católica, 1253

Foto del Bautismo

"Hay un Señor, una fe, un bautismo; …"
Efesios 4:5

Tu madrina

Nombre de tu madrina: ....

¿Cómo la conocimos? ....

....

Razones por las que le pedimos que fuera tu madrina: ....

....

....

....

....

....

Foto de la madrina

Tu padrino

Nombre de tu padrino: ....

¿Cómo lo conocimos? ....

....

Razones por las que le pedimos que fuera tu padrino: ....

....

....

....

....

....

Foto del padrino

Lo que dicen los santos sobre el Bautismo

Vuélvanse a Dios y bautícense cada uno en el nombre de Jesucristo, para que Dios les perdone sus pecados, y así él les dará el Espíritu Santo. Esta promesa es para ustedes y para sus hijos, y también para todos los que están lejos, es decir, para todos aquellos a quienes el Señor nuestro Dios quiere llamar.

San Pedro

... pues por la fe en Cristo Jesús todos ustedes son hijos de Dios, y por el bautismo han venido a estar unidos con Cristo y se encuentran revestidos de él.

San Pablo

Queridos padres, padrinos y madrinas, encomendemos a estas criaturas a la intercesión materna de la Virgen María. Pidámosle a ella que, revestidos de las vestiduras blancas, signo de su nueva dignidad de hijos de Dios, sean durante toda su vida auténticos cristianos y testigos valientes del Evangelio.

Papa Juan Pablo II

El buzo trae la perla del mar. Bautízate y trae del agua la pureza que allí se esconde, la perla que es como una joya de la corona de Dios.

Efrén de Siria

Después del Bautismo, la verdad gobierna el alma.

Diadochos of Photiki

El Bautismo es un vehículo que nos conduce hacia Dios, una muerte con Cristo, el sostén de la fe, la perfección del espíritu, la llave del reino de los cielos, el cambio de vida, el fin de nuestra esclavitud, la liberación de nuestras cadenas, la transformación de nuestras costumbres. El Bautismo es el más bello y el más sublime de los dones de Dios.

San Gregorio Nacianceno

"El alma renace en las sagradas aguas del Bautismo, y así se convierte en el hijo de Dios".

San Maximiliano Kolbe

El Bautismo es un don concedido por medio de algo que nuestros sentidos pueden percibir, esto es, el agua. Pero la realidad de lo que se lleva a cabo en el Bautismo es percibida más vale por la mente; me refiero al nacimiento espiritual, la renovación que trae consigo.

San Juan Crisóstomo

El Sacramento del Bautismo, es ciertamente, el Sacramento del renacimiento.

San Agustín de Hipona

El Espíritu Santo bendice el cuerpo que es bautizado y el agua que lo bautiza. No desprecies entonces el baño sagrado, y que el uso cotidiano del agua no te haga subestimar su valor. Ella opera extensamente y sus efectos son maravillosos.

San Gregorio de Nisa

Nacer de nuevo por medio del agua y el Espíritu que vienen desde arriba, en Cristo a todos se nos da vida.

San Atanasio de Alejandría

Yo, en verdad, los bautizo con agua; pero viene uno que los bautizará con el Espíritu Santo y con fuego.

San Juan Bautista

El Bautismo es el Sacramento de la fe.

Santo Tomás de Aquino

Es provechoso celebrar el aniversario de tu Bautismo encendiendo la vela bautismal y con tu familia, renovar tus promesas de renunciar al pecado y de vivir como un seguidor fiel de Jesús de Nazaret y su Iglesia.

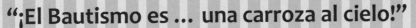

"¡El Bautismo es ... una carroza al cielo!"
San Basilio de Cesarea

Foto favorita del bebé haciendo algo por primera vez

"... Dejen que los niños vengan a mí, ..."
San Mateo 19:14

Quinta parte

Primeros recuerdos en casa

Los primeros recuerdos de tu
infancia han sido una bendición.
Le damos gracias al Señor
por cada momento a tu lado.

"María guardaba todo esto en su corazón, ..."
San Lucas 2:19

✝ Primera sonrisa ✝

Fecha : ....

¿Cómo nos hizo sentir? ....

....

"Los ojos radiantes alegran el corazón; ..."
Proverbios 15: 30

Primera vez que te sentaste sin ayuda

Fecha: ....

Lo que sentimos cuando te sentaste por primera vez: ....

....

¡Ya puedes sentarte a los pies de Jesús de Nazaret!

✟ Primera vez que gateaste ✟

Fecha:..

¿Hacia dónde te dirigiste? ....

....

"… arrodillémonos delante del Señor, pues él nos hizo".

Salmo 95:6

Primera comida de alimentos sólidos

Fecha: ....

Lo que comiste: ....

....

"Yo soy el Señor, tu Dios, … abre tu boca, y yo te satisfaré".

Salmo 81:10

Primeras palabras

Escucharte decir tus primeras palabras fue muy emocionante y maravilloso. Estas son algunas de tus primeras palabras:

Palabra: .... Fecha: ....

Comentarios: ....

Palabra: .... Fecha: ....

Comentarios: ....

Palabra: .... Fecha: ....

Comentarios: ....

Palabra: .... Fecha: ....

Comentarios: ....

Palabra: .... Fecha: ....

Comentarios: ....

"Sean aceptables a tus ojos mis palabras..."
Salmo 19:14

Primero pasos

Fecha en la que diste tus primeros pasos: ....

¿Dónde estabas? ....

¿Hacia quién caminaste? ....

¿Cómo te veías mientras tratabas de caminar? ....

....

....

....

....

....

"Hazme andar conforme a tu palabra; ..."

Salmo 119:133

San Antonio de Padua

El santo que sostuvo al Niño Jesús

San Antonio de Padua es el santo patrono de los pobres y de los que necesitan ayuda para encontrar algo que se les ha perdido. Él es uno de los preferidos entre los santos católicos, tal vez, ¡porque muchas personas necesitan de su ayuda!

Nacido en Lisboa Portugal, en 1195, Antonio era el hijo de un caballero de la corte real, pero renunció a los honores y comodidades de la vida cortesana para entrar en el camino de la vida religiosa. Con el tiempo se convirtió en un sacerdote franciscano en Italia. Pronto, Antonio ganó fama como un brillante predicador y sus sermones convencieron a miles de personas a entregar su vida a Dios. También fue conocido por su dedicado servicio a los pobres.

Una noche, mientras Antonio rezaba, su habitación se iluminó y Jesús se le apareció en forma de niño. Alguien que iba pasando, vio al santo sosteniendo al Niño Jesús en sus brazos y hablando con Él, es por esto que generalmente las fotos de Antonio lo muestran de esta manera, convirtiéndose en el santo favorito de los niños.

Antonio hizo tantos milagros que la gente lo llamó "trabajador maravilloso". Murió en 1231 y más tarde fue declarado Doctor (Profesor) de la Iglesia.

Oración a San Antonio de Padua

San Antonio, que amaste al niño Jesús y lo sostuviste en tus brazos; muéstranos tu amor por nuestro niño/niña teniéndolo (a) en tus oraciones. Tu ayudas a las personas que han perdido algo; prepárate para cuando este niño/niña ore por tu ayuda para encontrar lo que se le ha perdido. Te preocupaste profundamente por los que necesitaban ayuda, enseña a este niño/niña a preocuparse por aquellos en necesidad, y así como llamaste a personas de diferentes partes para que entregaran su vida a Dios, deja que tus palabras y tu ejemplo le lleven a Dios. ¡San Antonio, gracias por ser amigo de los niños en todo el mundo! Amén.

✝

¡San Antonio, ayúdanos a no perder estos recuerdos!

Querido San Antonio:

Durante estos primeros años de vida de nuestro hijo/hija, hemos visto la bondad de Dios de diferentes maneras. Le hemos visto aprender a caminar, hablar y convertirse en un ser indispensable en nuestra familia. Ayúdanos para que nunca perdamos estos recuerdos.

En estos primeros años, hemos comprendido la razón por la cual el reino de Dios pertenece a los niños. Ayuda a que nuestro hijo/hija nunca pierda la inocencia necesaria para obtener vida eterna. Amén.

¡San Antonio, santo patrono de las cosas perdidas, ruega por nuestro hijo/hija!

Nuestra parroquia

Nombre de la parroquia: ....

Razones por las que amamos asistir a esta parroquia: ....

....

Nombre del Sacerdote: ....

Amigos especiales en nuestra comunidad parroquial: ....

....

....

....

....

"Lo cierto es que, aunque son muchas las partes, el cuerpo sólo es uno".

1 Corintios 12:20

Sexta parte

Primeros pasos en tu vida de fe

Te acompañaremos a través
de tu camino de fe.
Hemos escogido nuestra parroquia
como la ruta ideal.
Esta comunidad de creyentes
nos mostrará el trayecto.

"También puedes orar en casa; sin embargo no puedes orar igual que en la iglesia, ..."

Catecismo de la Iglesia Católica 2179

¡Tu primera Navidad!

Recuerdos de tu primera Misa de Navidad: ....

....

....

....

Tus primeros regalos de Navidad: ....

....

Familia y amigos con los que compartimos la Navidad: ....

....

....

....

....

"¡Gloria al Rey recién nacido!"

¡Alegría al mundo!

Foto de la primera Navidad

¡San Nicolás, ruega por nosotros!

¡Tu primera Pascua!

Recuerdos de tu primera Misa de Pascua:...

....

....

....

Tus primeros regalos o cesta de Pascua:...

....

Familia y amigos con los que compartimos la Pascua:...

....

....

....

"Yo soy la resurrección y la vida".

San Juan 11:25

¡Aleluya!

Foto de la primera Pascua

¡Cristo ha resucitado, realmente Él ha resucitado!

Recuerdos especiales de tu vida parroquial

Misa a la que habitualmente asistimos: ....

Lugar donde normalmente nos sentamos en la Misa: ....

¿Cómo reaccionaste en la Misa? ....

....

Feligreses de tu edad: ....

....

Eventos especiales en la parroquia a los que asististe durante tu primer año: ....

....

....

....

....

"Busquemos la manera de ayudarnos unos a otros a tener más amor y a hacer el bien. No dejemos de asistir a nuestras reuniones, …"

Hebreos 10:24-25

Nuestra parroquia y comunidad

¿Cómo nuestra parroquia ayuda al necesitado? ....

....

¿Cómo nuestra parroquia ayuda a los jóvenes? ....

....

Ministerios especiales (por ej. los Caballeros de Colón, la Sociedad de San Vicente de Paúl, etc.): ....

....

....

Formas en las que nuestra familia se puede involucrar más: ....

....

....

....

"Como buenos administradores de las variadas bendiciones de Dios, cada uno de ustedes sirva a los demás según los dones que haya recibido".

1 San Pedro 4:10

Santa Brígida de Irlanda

Santa patrona de los pequeños niños

Santa Brígida, santa patrona de los pequeños niños, nació en Irlanda aproximadamente en el año 453. Desde muy joven desarrolló el hábito de dar a los pobres comida que provenía de su pudiente casa. Cuando su padre, que no aprobaba su generosidad decidió buscarle esposo, ella prefirió consagrarse a Jesús de Nazaret, convirtiéndose en monja.

La santidad personal de Brígida atrajo a muchas personas y cuando ella tenía quince años de edad, estableció una comunidad religiosa con otras siete jóvenes mujeres que se unieron a ella.

Nombrada Madre Superiora por el Obispo local, fundó una serie de monasterios para servir al pobre y al enfermo y proporcionarles hospitalidad. El más famoso, ubicado en Kildare Irlanda, llegó a ser conocido como un gran centro de aprendizaje y arte.

Muchos milagros fueron atribuidos a la intercesión de Santa Brígida; varios de éstos fueron relacionados con niños, e incluso una leyenda afirma que ella milagrosamente, le concedió a un niño muy pequeño el poder de hablar para responder a una pregunta que le había hecho.

Brígida murió en 525, después de haber dejado una huella imborrable en Irlanda que trascendió a otros lugares. Junto a San Patricio, ella es reconocida como la santa patrona de ese país.

Bendición de Santa Brígida

Que Brígida bendiga la casa en la que vives;

bendice cada hogar, pared y puerta;

bendice cada corazón que late bajo este techo;

bendice cada mano que se esfuerza para traer alegría;

bendice cada pie que camina a través de sus portales;

que Brígida bendiga la casa que te alberga.

—*Bendición tradicional Irlandesa.*

Séptima parte

El crecimiento en edad y gracia

Mientras te vemos crecer
en edad y gracia,
nosotros como familia
crecemos en santidad.

"Pero conozcan mejor a nuestro Señor y Salvador Jesucristo y crezcan en su amor".

2 San Pedro 3:18

1 ¡Recuerdos de tu primer año!

Palabras y frases que más usaste: ....

....

Algunas de las grandes cosas que aprendiste: ....

....

Miembros de la familia con los que más tiempo compartiste: ....

....

Tus (alimentos/actividades/libros/juguetes) favoritos: ....

....

La historia más graciosa de tu primer año: ....

....

....

Sin duda, no te sentiste bien a veces.

✝ ¡Crecimiento espiritual! ✝

Oración de un niño

Ven Espíritu de Gracia, Paloma Celestial, con luz y consuelo de lo alto.

Se Tú nuestro protector y guía,

quédate al lado de los niños siempre. ¡Amén!

Oración favorita de mamá para ti: ....

....

....

Oración favorita de papá para ti: ....

....

....

¡San Policarpo, ruega por nosotros!
Santo patrono del dolor de oídos

2 ¡Recuerdos de tu segundo año!

¿Cuándo y dónde diste tus primeros pasos? ....

....

¿Cuándo mostraste tu nariz, orejas y ojos? ....

....

Los sonidos y acciones que imitaste: ....

....

Tus (dulces/compañeros de juego/canciones/alimentos) favoritos: ....

....

Tu primera frase: ....

....

....

....

Habían días en los que no estabas muy feliz.

✝ ¡Crecimiento espiritual! ✝

¿Cómo y cuándo aprendiste a poner las manos en posición de oración? ....

....

¿Cuándo aprendiste a decir "Amén"? ....

....

Un pequeño comentario cuando aprendiste a decir "Jesús": ....

....

Otras palabras o conceptos religiosos importantes que estás aprendiendo (ej. "Mamá María" o "Jesús me ama"):

....

....

....

¡Santa Apolonia, ruega por nosotros!

Santa patrona de la formación y salida de los dientes

¡Recuerdos de tu tercer año!

Lo más asombroso que aprendiste este año: ....
....

¿Cómo demostraste afecto? ....
....

¿Cómo demostraste frustración? ....
....

Tu (ropa/objetos/personas/lugares) favoritos: ....
....

Una de las cosas más tiernas que hiciste este año: ....
....
....
....

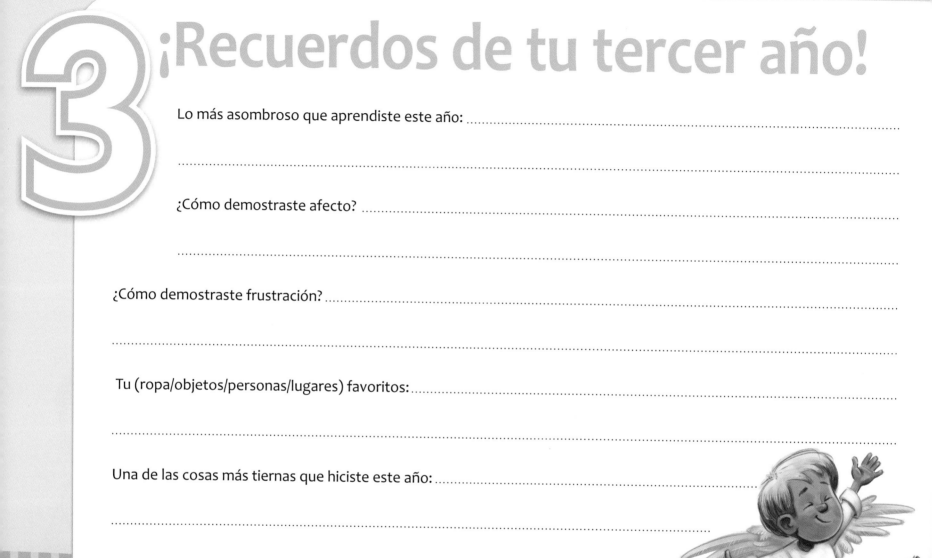

Tu felicidad algunas veces era contagiosa.

✝ ¡Crecimiento espiritual! ✝

¿Cuándo aprendiste a sentarte bien durante la Misa? ....

....

¿Cómo aprendiste la Señal de la Cruz? ....

....

¿Alguna historia graciosa cuando estabas en la Iglesia? ....

....

....

¿Cómo van tus frases: "por favor" y "gracias"? ....

....

Historias de la Biblia que empezamos a contarte: ....

....

¡San Francisco de Asís, ruega por nosotros!
Santo patrono de los animales

4 ¡Recuerdos de tu cuarto año!

Los dibujos interesantes que hiciste este año: ....

....

¿Hasta que número puedes contar? ....

....

Un poema que realmente nos gustó: ....

....

Tus (colores/juegos/nuevas actividades/bebidas) favoritas: ....

....

Tú y tu imaginación: ....

....

....

....

Cuando te lastimaste o sufriste algún dolor, oramos por ti.

✝ ¡Crecimiento espiritual! ✝

¿Cómo y cuándo aprendiste el avemaría? ....

....

¿Cómo vas con la oración a la hora de comer? ....

....

¿Estás aprendiendo a compartir tus juguetes? ....

....

¿Te estás portando mal a la hora de dormir? ....

....

Otro progreso espiritual que hiciste este año: ....

....

....

¡Santa Coleta, ruega por nosotros!
Santa patrona de los niños enfermos

5 ¡Recuerdos de tu quinto año!

Los nombres de algunos de tus mejores amigos: ....

....

¿Te has aprendido el abecedario? ....

....

Tus libros favoritos: ....

....

Tus actividades favoritas: ....

....

La historia más encantadora de tu quinto año: ....

....

....

....

¡San Juan Bosco, ruega por nosotros!
Santo patrono de los niños

✝ ¡Crecimiento espiritual! ✝

¿Cómo vas con el padrenuestro? ....

....

¿Estás obedeciendo a mamá y a papá? ....

....

Formas en las que estás demostrando buenos modales: ....

....

....

¿Cómo te estás portando a la hora de dormir? ....

....

....

....

¡Santa María Goretti, ruega por nosotros!
Santa patrona de las niñas

6 ¡Recuerdos de tu sexto año!

Tu actividad favorita en el colegio: ....

....

Tu rasgo de personalidad más fuerte: ....

....

La película que siempre quieres ver: ....

....

Interesante elección al combinar tú mismo la ropa: ....

....

El momento más gracioso del año: ....

....

....

....

¡Tenías mucho para celebrar!

✝ ¡Crecimiento espiritual! ✝

¿Has aprendido algo nuevo para ayudar a mamá y a papá en la casa?..

....

¿Has aprendido a recoger tu desorden?...

....

¿Te estás comiendo las verduras?...

....

Nuevas oraciones que estás aprendiendo a rezar:...

....

Historias favoritas de la Biblia:..

....

....

¡San Benito, ruega por nosotros!
Santo patrono de los estudiantes colegiales

7 ¡Recuerdos de tu séptimo año!

Tu asignatura preferida en el colegio: ....

....

Las cosas que puedes hacer por ti mismo: ....

....

Tu deporte favorito: ....

....

Tus familiares favoritos: ....

....

El momento más feliz del año: ....

....

....

....

Así como te enseñamos tanto, nosotros aprendimos demasiado de ti.

✝ ¡Crecimiento espiritual! ✝

¿Has aprendido a disculparte cuando te equivocas? ....

....

¿Has aprendido a rezar las oraciones tú solo, antes de dormir? ....

....

¿Cuáles son las tareas que te hemos dado y cómo vas con ellas? ....

....

¿A qué vas a renunciar en la Cuaresma? ....

....

Lo que te hemos enseñado para prepararte para el Sacramento de la Reconciliación: ....

....

....

¡San (Padre) Pío, ruega por nosotros!
¡Ayúdanos a hacer una buena confesión!

Preparándote para el Sacramento de la Reconciliación

Tus padres te bautizaron porque te aman. Fue el mejor regalo que hayan podido darte, mucho mejor que juguetes, dinero o cualquier otra cosa. El Bautismo es un regalo que durará para siempre. Éste fue el comienzo de tu vida como hijo de Dios y los hijos de Dios ¡viven en el cielo por toda la eternidad!

El Bautismo es lo que llamamos un Sacramento, lo que significa que las acciones del Sacerdote o Diácono son señales de lo que Dios está haciendo dentro de ti. En tu Bautismo, cuando el Sacerdote o Diácono derramó agua sobre tu cabeza, el Espíritu Santo descendió desde el cielo para limpiar tu alma.

Desde entonces, tu familia y parroquia han ayudado a que aprendas a conocer a Jesús de Nazaret, amarlo y a confiar en Él. En la casa y en la parroquia te han enseñado a orar, adorar en la Misa y tomar las mejores decisiones. Ahora que estás creciendo, ha llegado el momento de dar otro paso importante en tu vida como hijo de Dios. Esta vez, tus padres no lo pueden hacer por ti, lo tienes que hacer tú solo.

Ya tienes la edad suficiente para saber la diferencia entre lo bueno y lo malo. También sabes que cuando haces algo que no es correcto, debes pedirle a Dios y a quien ofendiste, que te perdonen y que te ayuden a no volver a pecar. Dios abrió un camino dentro de la Iglesia para que puedas hacerlo, se llama el Sacramento de la Reconciliación y también se conoce como el Sacramento de la Confesión o Penitencia.

En este Sacramento el Sacerdote te escucha mientras confiesas tus pecados a Dios, pidiéndole que te perdone. Después, el Sacerdote hablando por parte de Dios, te dice que tus pecados te han sido perdonados. Por último, el Sacerdote te pide que hagas un pequeño acto, sea una oración o una buena obra, que te ayudarán para que la próxima vez hagas las cosas bien.

Tu alma necesita ser lavada por el Bautismo solo una vez. Pero tú puedes practicar el Sacramento de la Reconciliación cada vez que necesites pedirle perdón a Dios. Cuando lo haces, ¡tu alma queda limpia de nuevo!

Ya sabes un poco sobre el Sacramento de la Reconciliación. Durante los próximos días aprenderás más sobre cómo prepararte para este maravilloso regalo de Dios, que te acercará aún más a Él.

"Por eso la conversión implica a la vez el perdón de Dios y la reconciliación con la Iglesia, …"

Catecismo de la Iglesia Católica 1440

¡Tu primera Confesión!

Fecha: ....

Parroquia: ....

Sacerdote: ....

¿Cómo fue tu experiencia? ....

....

....

....

....

"La conversión es primeramente una obra de la gracia de Dios
que hace volver a Él nuestros corazones: ..."
Catecismo de la Iglesia Católica 1432

Oración a tu ángel de la guarda

Ángel de Dios, que eres mi custodio, pues la bondad divina me ha encomendado a ti, ilumíname, guárdame, defiéndeme y gobiérname. Amén.

Una breve letanía a los santos

¡San Juan Bautista, ruega por nosotros!

¡San Policarpo, ruega por nosotros!

¡Santa Apolonia, ruega por nosotros!

¡San Nicolás, ruega por nosotros!

¡Santa Brígida, ruega por nosotros!

¡San Benito, ruega por nosotros!

¡San Francisco de Asís, ruega por nosotros!

¡San Antonio de Padua, ruega por nosotros!

¡Santa Coleta, ruega por nosotros!

¡San Juan Bosco, ruega por nosotros!

¡Santa Teresa del Niño Jesús, ruega por nosotros!

¡Santa María Goretti, ruega por nosotros!

¡San (Padre) Pío, ruega por nosotros!

¡San José, ruega por nosotros!

¡Santa María, Madre de Dios, ruega por nosotros!

¡Todos los ángeles y santos, rueguen por nosotros!